ÉCOLES CATHOLIQUES

DISTRIBUTION DES PRIX

LISTE

des Livres revisés et approuvés
par le Comité des Pères et Mères de famille
du Diocèse d'Angers

DES LISTES COMPLÉMENTAIRES
paraîtront au fur et à mesure des révisions nouvelles

PRIX : 1 exemplaire........ 0 10
100 exemplaires........ 8 »

ÉCOLES CATHOLIQUES

DISTRIBUTION DES PRIX

LISTE

des Livres revisés et approuvés
par le Comité des Pères et Mères de famille
du Diocèse d'Angers

DES LISTES COMPLÉMENTAIRES
paraîtront au fur et à mesure des révisions nouvelles

PRIX : 1 exemplaire....... 0 10
100 exemplaires...... 8 [illegible]

LIVRES DE PRIX

La liste des livres de prix que nous publions a été arrêtée par un Comité de pères et de mères de famille, constitué en Anjou sous le haut patronage de Sa Grandeur Monseigneur Rumeau, évêque d'Angers.

Les collaborateurs de cette œuvre capitale ont été guidés par l'unique pensée que voici : donnerions-nous en toute sécurité tel ou tel livre à nos propres enfants? Ceux-ci y trouveraient-ils, pour leur esprit, le délassement qui convient à leur âge; pour leur intelligence, le degré de formation auquel ils ont droit; pour leur foi et leur conscience, des inspirations capables de les mener au bien?

Constamment soutenu par les bienveillants encouragements de M. le chanoine Crosnier, le Comité offre aux directeurs et directrices d'écoles catholiques une première liste de 565 volumes de toutes séries.

Plusieurs maisons d'édition sont encore incomplètement révisées. Mais le travail se poursuit et des listes successives paraîtront ultérieurement.

N.-B. — MM. les Éditeurs nous ayant gracieusement offer les volumes approuvés, soit comme livres de prix, soit comme livres de bibliothèque, nous avons réparti ceux-ci en séries de vingt-cinq, pour bibliothèques circulantes que nous tenons à la disposition des paroisses, moyennant un abonnement de 5 francs par an.

Maison Alfred Mame et Fils

Tours (Indre-et-Loire)

SÉRIE 2 (Voir page 2 du catalogue)

Anne-Marie la Providence, par Daniel Laumonnier (jeunes filles).

Défense de Paris (La), par Jules Mazé (garçons).

Derniers coups de feu (Les), par Jules Mazé (garçons).
Étapes héroïques (Les), par Jules Mazé.
Œil-de-Tigre (L'), par Georges Pradel (pour grands collégiens de 17 à 18 ans seulement).
Sur les chemins de Compostelle, par Camille Daux.
Terre sanglante (La), par Jules Mazé.
Le secret du livre d'heures, par Dodeman (collèges de garçons).

SÉRIE 11 (Voir page 3)

Spécialement recommandée pour l'enseignement secondaire ou supérieur

A l'assaut de l'Asie, par G. Saint-Yves.
Année française (L'), par Charles Ponsonailhe.
Au pays de la prière, par Henri Guerlin.
Christophe Colomb, par Mgr Ricard.
Don Quichotte, par Cervantès (pour grands jeunes gens).
Fabiola ou l'Église des Catacombes, par S. Ém. le cardinal Wiseman.
Fables de La Fontaine, illustrées par Vimar.
Louis XIV (17 ou 18 ans, collèges).
Histoire de France, par Émile Keller.
Histoire des Croisades, par M. Michaud et M. Poujoulat.
Jeanne d'Arc, par Marius Sepet. (Nouvelle édition.)
Marine d'aujourd'hui (La), par G. Contesse. (Pour grands collégiens de 17 à 18 ans.)
Marine d'autrefois (La), par G. Contesse.
Montcalm et Lévis, par l'abbé Casgrain. (Pour grands jeunes gens.)
Nos origines nationales, par Henri Guerlin. (Bon pour villes.)
Saints par les grands maîtres (Les), par Charles Ponsonailhe.

SÉRIE 12 (Voir page 4)

A travers les Alpes autrichiennes, par Maurice Grandjean.
Cécilia, par F. de Nocé.
Compagnons de l'Alliance (Les), par Jean Guétary. (Bon pour collèges.)

Conquérants de l'air (Les), par Georges DE LYS.
Dette de Carmèle (La), par Marguerite LEVRAY.
Enseigne de vaisseau Paul Henry (L'), par René BAZIN.
Fauvette, par Marguerite LEVRAY.
Fêtes de nos pères (Les), par Oscar HAVARD.
Histoire de la reine de Bohême et de ses sept châteaux, par Ch. FOLEY.
Petit boscot (Le), par Simon BOUBÉE.
Pour la Patrie, par Paul VERDUN.
Vieille France qui s'en va (La), par Charles GÉNIAUX.

SÉRIE 13 (Voir page 5)

Abbayes et monastères de France, par l'abbé J.-J. BOURASSÉ.
Lucienne, par Marthe LACHÈSE.
Nos Pêcheurs de haute mer, par A. ACLOQUE.
Où le grain tombe..., par Georges DE LYS. (Pour grands collégiens de 17 à 18 ans.)
Revanche de Madeleine (La), par Charles DE VITS. (Pour grandes jeunes filles).

SÉRIE 21 (Voir page 7)

Fabiola, par S. Ém. le card. WISEMAN.
Femmes d'autrefois, par A. CHEVALIER.
Fleurs de Lorraine, par Jean TINCEY. (Pour jeunes gens et jeunes filles).
France coloniale (La), par Alexis-M. G.
France pittoresque (La), région du Nord, par Alexis-M. G.
France pittoresque (La), région de l'Est, par Alexis-M. G.
France pittoresque (La), région de l'Ouest, par Alexis-M. G.
France pittoresque (La), région du Sud, par Alexis-M. G.
Jeanne d'Arc, par Marius SEPET.
Jehan de Fougereuse, par Louis MORVAN.
Orpheline des Fauchettes (L'), par Marguerite LEVRAY.
Roche-Yvoire (La), par Marguerite LEVRAY.
Sous les flots, par A. ACLOQUE.
Testament du corsaire (Le), par Edmond NEUKOMM et Gaston DUJARRIC. (Pour grands jeunes gens.)

Vies des saints pour tous les jours de l'année.
Un sauvage à Paris, par A. DE GRAFFIGNY. (Collèges de garçons.)
Zigzags du pays de la science, par ACLOQUE. (Collèges de garçons).

SÉRIE 31 (Voir page 11)

Dix ans de Haut-Tonkin, par L. GIROD.
Fidéline, par Julie LAVERGNE.
Oncle Tim (L'), par F. BATTANCHON.
Petits-enfants de la marquise (Les), par Marguerite LEVRAY. (Pensionnats villes.)
Trois disparus du « Sirius » (Les), par Georges PRICE.
Un coin du pays basque, par M. Ch. DE LA PAQUERIE.

SÉRIE 22 (Voir page 8)

Bonne maison (La), par Alice MARTIN.
Derniers Australiens (Les), par C. AMÉRO.
Famille du disparu (La), par Mme CHÉRON DE LA BRUYÈRE.
Guillemette, par Mlle Julie BORIUS. (Pour jeunes filles de 16 à 18 ans.)
Joies et déboires d'un Sportsman, par H. DE COURRÈGES. (Pour grands jeunes gens.)
Mademoiselle de La Guettière, par Marguerite LEVRAY.
Manoir de Castelvieux (Le), par Marguerite MORIN.
Maréchal Pélissier (Le), par P. F., professeur d'histoire.
Mina, imité de Paul Hermann, par J. DE ROCHAY.
Naufragés au Spitzberg (Les), par L. F.
Orpheline de Moscou (L'), par Mme WOILLEZ.
Pèlerinages de Suisse (Les), par Louis VEUILLOT.
Petite maman, par Mme Charles PÉRONNET.
Pupille de Salomon (La), par Mlle Marthe LACHÈSE. (Pour jeunes filles de 16 à 18 ans.)

SÉRIE 32 (Voir page 12)

SÉRIE TRÈS RECOMMANDÉE

Fille d'aviateur, par Mme CHÉRON DE LA BRUYÈRE.
Mission du Thibet (La), par un Missionnaire.

Missions d'Extrême-Orient (Les), par un Missionnaire.
Missions de Cochinchine (Les), par un Missionnaire.
Mgr Puginier, par l'abbé Jules MILLOT.
Navire église-hôpital (Le), par P. GIQUELLO.
Papiole, par Marguerite FROMENT.

SÉRIE 23 (Voir page 9)

Aimée Robert, par Mlle Marie POITEVIN.
Brimborion, par Roger DOMBRE.
Châtelains de Courthenoy (Les), par Marguerite LEVRAY.
Denise Laugier, par Marthe BERTIN.
Dette des Robert (La), par Mlle Marthe LACHÈSE. (Garçons).
Drames de la mer (Les), par CINQ-ÉTOILES.
En tout honneur, par F. GIBON. (Pour collèges de garçons.)
Envers et contre tout, par Mlle Y. D'ISNÉ.
Famille de l'amiral (La), par E. MEUNIER.
Journal d'une pensionnaire (Le), par Mlle A. ALHIX. (13 à 17 ans.)
Karl et Trinette, par Mme Louise DE BELLAIGUE.
Moulin de la lande (Le), par P.-M. VRIGNAULT.
Muguette l'Indienne, par Georges BREMOND.
Sortie de pension (La), Conseil aux jeunes filles, par Mme Marie DE GRANDMAISON, officier d'Académie, lauréate de l'Académie française.
Souvenirs de deux grands-pères, par Mlle LEPRINCE.
Tante Rosie, par Marie THIOLLIER.
Vacances de Gabrielle (Les), par Marie LECONTE.
Voyages de Marguerite (Les), par Ch. VASSELIN.

SÉRIE 24 (Voir page 10)

A l'hospice, par Roger DOMBRE.
Bonne fée (La), par Mlle Lucie DES ANGES.
Duc d'Aumale (Le), par Mme la comtesse Berthe DE CLINCHAMP.
Fille de marin, par Mme MAISONNEUVE.
Georgette, par Marguerite LEVRAY.
Héritier du duc Jean (L'), par CHAMPOL.

Légende du mont Pilate (La), par Charles BUET.
Première en tout, par Mlle Louise MUSSAT.

SÉRIE 42 (Voir page 14)

Barreau (Le), par Me SAINT-GEORGES. (Sérieux.)
Bonheur dans le devoir (Le), par Mme L. BOIELDIEU-D'AUVIGNY.
Chevauchée en Palestine, par Léonie DE BAZELAIRE.
Cinq épées, par le général AMBERT.
Conquêtes de Mona (Les), par Mme Ch. PÉRONNET.
Cœur-Loyal, par Marie GUERRIER DE HAUPT.
Deux cousines, par Mme COLETTE.
Enfant gâtée, par Marguerite LEVRAY.
Erreur de Charlotte (L'), par L. DE KÉRANY.
Femme dans l'administration (La), par Mme Camille ROUYER. (Pensionnats.)
Isabelle Le Trégonnec, par Marguerite LEVRAY.
Légendes bourguignonnes, récits historiques et légendaires, par E. M. B***.
Louise Muray, par A. DESVES.
Marguerite et Daisy, par Mlle ZEYS.
Orpheline de Rochnivelen (L'), par Marie DE HARCOËT.
Petite tzigane (La), par Louise HAUTIÈRES.
Soldats français (Les), par le général baron AMBERT.
Tébaldo, par Mme la comtesse DE LA ROCHÈRE.
Tebsima, par E. B***.
Un jeune brave, par Mme CHÉRON DE LA BRUYÈRE.
Une jonchée de fleurs, par Mme Marie-Félicie TESTAS.

SÉRIE 43 (Voir page 15)

Comte bleu (Le), par Roger DOMBRE.
Éducation d'Yvonne (L'), par Mlle Julie GOURAUD.
Fée de la maison (La), par Marthe BERTIN.
Hirondelle (L'), par Mme Julie LAVERGNE.
Lili, par Suzanne DE COCQUARD.
Marcel le Blézec, par Marguerite LEVRAY.

Meilleure part (La), par Mme V. VATTIER.
Plus brave de tous (Le), par Alice DECKER.
Tout seuls, par Pierre FIEY.
Tour des Andes (La), par MÉHIER DE MATHUISIEULX.
Vacances d'Yvonne (Les), par Mlle Julie GOURAUD.

SÉRIE 44 (Voir page 16)

Agnelle, par Marguerite LEVRAY.
Allemagne française (L'), par M. l'abbé Lucien VIGNERON.
Brodequin de Talma (Le), par Mme DE BELLAIGUE.
Catastrophes célèbres (Les), par H. DE CHAVANNES DE LA GIRAUDIÈRE.
Cigale ou fourmi, par Marthe BERTIN.
Courage d'Alice (Le), par Mme COLETTE.
Daniel Bontout, par MM. Albert RENOUF et Victor COUPIN
Deux amies, par Mary FLORAN.
Épreuve (L'), par Michel DOLQUES.
Fleurs de France, par Mme Julie LAVERGNE.
Institutrice (L'), par Marthe BERTIN.
Ménétrier de Sauleville (Le), par Mme Julie LAVERGNE.
Petite-Joyeuse, par Marguerite LEVRAY.

SÉRIE 51 (Voir page 17)

Chère grande, petite chérie, par Louise MUSSAT.
Famille et Patrie, par Mme DE FALLOIS.
Fille de ma fille (La), par Pierre DE CHATEAU. (Bon pour villes.)
Grand'mère de Gilberte (La), par Mlle des AGES.
Grands agriculteurs modernes (Les), par Mme la comtesse DROHOJOWSKA.
Héros inconnus, par le capitaine BLANC.
MARIANNE, par Marie-Ange DE T***.
Ma sœur Georgette, par Pierre DU CHATEAU.
Miralda la petite négresse, d'après l'allemand de Herchenbach, par l'abbé GOBAT.

Mozart, par Étienne GERVAIS.
Sœur jumelle, par Mary FLORAN.
Trois hommes de cœur, par le général baron AMBERT.

SÉRIE 52 (Voir page 18)

Abandonnée, par E. Y.
Bonne d'enfants, par Roger DOMBRE.
Constance de Blancheville, adaptation par E. DELAUNEY DE DÉZEN.
Défauts et vertus, par Mme Félicie TESTAS.
Enfance de Rosa (L'), par Pierre DU CHATEAU.
Il était une bergère, par Louise HAMEAU.
Jeanne en pension, par Marie LECONTE.
Michel le mineur, par Mrs CRAIK (miss MULOCK), traduit de l'anglais par Claude PASCAL.
Silvia, par W. HERCHENBACH, traduit de l'allemand par Mlle A. SIMONS.
Tribulations d'une enfant mal élevée, racontées par elle-même.
Une vie d'artiste, par Pierre DU CHATEAU.

SÉRIE 53 (Voir page 19)

Ce que disent les champs, par Mme la baronne de MACKAU.
Deux hommes de bien : Armand de Melun et *Honoré Arnoul*.
Deux grandes âmes au IXe siècle. (Pour pensionnats.)
Deux servantes des pauvres : Jeanne Jugan et *Sœur Rosalie*.
Épicier de la Drôme (L'), *Félix Longueville*. Notice biographique par l'abbé Cyprien PERROSSIER. (Écoles de garçons).
Fondateur de l'œuvre de la Sainte-Enfance (Le), *Mgr Charles-Auguste de Forbin-Janson*. (Écoles de garçons.)
Prédestinés (Les) : *Paul Reynier, Henri Perreyve, Alfred Tonnellé*. (Pour enfants au-dessus de 12 ans.)
Saint de l'armée (Le) : *Le général de Sonis*, 1825-1887. (Écoles de garçons.)
Un soldat martyr.

SÉRIE 63 (Voir page 20)

Bienheureux Jean-Marie-Baptiste Vianney, curé d'Ars (Le), par Jeanniard DU DOT.
Don Bosco, par Jeanniard DU DOT.
Saint François de Sales (Vie de), par MARSOLLIER.
Saint Louis, roi de France (Hist. de), par DE DURY.
Saint Louis de Gonzague (Vie de), de la Compagnie de Jésus, par le Père Virgile Ceprari, traduite par M. GALPIN.
Saint Vincent de Paul, d'après M. COLLET. (Pour enfants au-dessus de 12 ans.)

SÉRIE 64 (Voir page 21)

Devise de bonne maman (La), par M. O'NÈVES.
Écolier vertueux (L'), par M. l'abbé PROYART.
Cœur d'Or, par DELAUNAY.
Deux prix de vertu, par Ed. DE SALAING.
Excursions de vacances, troduit de l'anglais par Louis DESHORTIES DE BEAULIEU.
Fille du régisseur (La), par Mme CHÉRON DE LA BRUYÈRE.
Général Drouot (Le), par le général baron AMBERT.
Loin du nid, par M. BEZANÇON.
Maréchal Fabert (Le), par Théophile MÉNARD.
Mignonne, par Pierre DU CHATEAU.
Miss tante Flûte, par Mary FLORAN.
Nelly, ou la Fille du médecin, par A.-E. de l'Étoile.
Nid paternel (Le), par Lucie DES AGES. (Garçons.)
Orgueil et fierté, par Henriette BEZANÇON.
Passeur de Marmoutier (Le), par J. GIRARD.
Périne, par Marie-Ange DE T***.
Sabotier de Marly (Le), épisode de la jeunesse de Louis XIV, par J. GIRARD.
Une Heure instructive et amusante, par Mlle Marie O'KENNEDY.
Une Jeune châtelaine au XVIIe siècle, par Mme Julie LAVERGNE.
Vacances d'un petit paresseux (Les), par Mlle Henriette BEZANÇON. (Garçons.)

SÉRIE 65 (Voir page 22)

Guérison de Renée (La), par Mme Marie DE HARCOET.
Influence de Marthe (L'), par Lucie DES AGES.
Vingt francs de Suzanne (Les), par Mme Marie DE HARCOET.
Yvonnette, par Lucie DES AGES.
Mouton (Le petit), suivi du *Ver luisant*, par le chanoine SCHMIDT.

SÉRIE 66 (Voir page 23

Contes roses, par Marie THIÉRY.
Deux courages (Les), par Pierre DU CHATEAU.
Deux voitures (Les), par Marie GUERRIER DE HAUPT.
Étapes de Bastien (Les), par L. DE KÉRANY.
Grève de Linette, par Marie THIÉRY.
Pâquerette et Bouton-d'Or, par Mme C. G.
Servante du notaire (La), par Mme la baronne S. DE BOUARD.

SÉRIE 70 (Voir page 24)

Annette la rieuse, par Marie GUERRIER DE HAUPT.
Dénicheurs d'histoires (Les), par Marie GUERRIER DE HAUPT
Édouard et Henri, par Mme E. V.
Fanny et son chien Neptune, par Louise LAMBERT.
Meilleur protecteur (Le), par Marcelle DE SAINT-EDME.
Mésaventures de Mélie (Les), par Mme Ch. PÉRONNET.
Montreur d'ours (Le), par C. G.
Muguet (Le), par Remy D'ALTA-ROCCA.
Petite Rose, par Marcelle DE SAINT-EDME.
Souvenirs d'une hirondelle, par Remy D'ALTA-ROCCA.
Tante Aglaé (La), par Mme la vicomtesse de SAINT-P***.
Zélia, par Mme la comtesse DE LA ROCHÈRE.
Douce influence, par M. MAISONNEUVE.
Vengeance d'André (La), par Marie LECONTE.

Nouvelles séries d'Albums illustrés en noir et en couleurs

SÉRIE 120 (Voir page 26)

Le Trésor de Gisèle, illustrations de GUYDO.
Une mauvaise inspiration, illustrations de GUYDO.

SÉRIE 125 (Voir page 26)

Les Ajoncs d'Anne-Marie, illustrations de H. AVELOT
La Libératrice, illustré de reproductions de tableaux.
La Bergère de Nanterre, illustré de reproductions de tableaux.

SÉRIE 130 (Voir page 27)

Le Chef-d'œuvre du petit berger, illustrations de LEROUARD.
La Galette des Rois, illustrations de GUYDO.

SÉRIE 135 (Voir page 27)

Les Sacrifices de Renée, illustrations de CLÉRICE

SÉRIE 310 (Voir page 27)

Lucette en liberté, illustrations de Jehan TESTEVUIDE.
La Religion enseignée aux petits enfants (17 gravures en noir sur papier glacé),

SÉRIE 315 (Voir page 28)

Une Charité peu méritoire, illustrations de R. DE LA NÉZIÈRE.

SÉRIE 430 (Voir page 28)

Mademoiselle Je-le-veux, illustrations de H. AVELOT.
Mademoiselle Sabre-tout, illustrations de H. AVELOT.
Le Fil de la vie, illustrations de Marc SAUREL.

SÉRIE 435 (Voir page 28)

Un Bon petit cœur, illustrations de SENLOR.
La Vanité de Lucienne, illustrations de R. DE LA NÉZIÈRE.
Une Chasse aux tigres, illustrations de H. AVELOT.

Maison Desclée

IN-FOLIO (Voir page 1 du Catalogue)

Charette et la Vendée, par KERVYN DE VOLKAERSBEKE
Dogme et Peinture, par l'abbé OSSÉDAT.
Héros trop oubliés, par l'abbé OSSÉDAT.
Notre épopée coloniale, par Valerien GROFFIER.
La Messe dans l'histoire et dans l'art, par J. HOPPENOT.
La Sainte Vierge dans la tradition et dans l'art, par J. HOPPENOT.

SÉRIE 2 — GRAND IN-4° (V. page 2)

Dieu et Patrie, par le R. P. FAURE. (Collèges. Pensionnats de ville.)
Excursions : La Norvège et chez les Lapons, par Mgr FALLIZE. (Excellent.)
Promenades en Norvège, par Mgr FALLIZE.
Rome, ses monuments et ses souvenirs, par l'abbé BOUFFROY. (Guide intéressant pour ceux qui sont allés à Rome, n'est pas pour la campagne.)
Un conquérant d'âmes et de Nations. (Garçons.)

NOUVELLE SÉRIE (V. page 3)

Les soirées littéraires et artistiques (Livre sérieux.)

SÉRIE 1 — PETIT IN-4° (V. page 3)

Histoire de l'art chrétien aux dix premiers siècles, par l'abbé SALMON. (Pour pensionnats et enfants de 13 à 16 ans.)

SÉRIE 2 *bis* — PETIT IN-4° (V. page 4)

Percy Wynn, par Francis FINN. (Excellent.)
Pied Léger, par Francis FINN. (Excellent.)
Tom Playfair, par Francis FINN. (Excellent.)

SÉRIE 3 — PETIT IN-4° (V. page 4)

Soirées de la Jeunesse. Toute la série, 6e série, 7e série, 8e série, 9e série, 10e série, 5 volumes.

SÉRIE 6 — PETIT IN-4° (V. page 5)

Récits et voyages. Toute la série, 2e, 3e, 4e séries (3 volumes).

SÉRIE 7 — PETIT IN-4° (V. page 6)

Les soirées de l'Enfance. Toute la série, 5e, 6e, 7e, 8e, 9e, 10e séries. (6 volumes.)

SÉRIE 2 — GRAND IN-8 (V. page 11)

Souvenirs de Tante Églantine. (Très bon.)
Cinquante ans d'action catholique et française.
Le Crucifix, par P. HOPPENOT. (Très bon, au-dessus de 13 ans.)
Les Épreuves de Valentine, par Mme DE GENTELLES.
Historiettes et récréations.
Paul Odelin. (A répandre.)
La Sainte Vierge dans la tradition et dans l'art, dans l'âme des saints et dans notre vie, par HOPPENOT.
Souvenirs de Jeunesse, par Berthe LAVIGNE. (Bon pour petites filles.)
Un Gentilhomme lorrain. (Vie du Comte de Lambel.)
Victime du secret de la confession, par le P. SPILLMANN, S. J.

SÉRIE 2 *bis* — GRAND IN-8 (V. page 1)

D'Elbée, généralissime des Armées vendéennes, par l'abbé CHARPENTIER.
Vie populaire de Pie IX, par le R. P. LIBBOUR. (Parfait.)

SÉRIE 2 *ter* — GRAND IN-8 (V. page 13)

Le Parterre de Marie Immaculée. (Pour grandes jeunes filles.)
L'Ange de la Famille. (Pour écoles de ville.)
Apostolat des enfants chrétiens, par J.-M.-A.
L'Enfant chrétien, ce qu'il doit être.
L'Étoile de la Mer, par J.-M.-A.
Fleurs du Martyre, par le chanoine MILLOT. (Garçons de 12 ans.)
Fleurs eucharistiques.
La main de Dieu, par J.-M.-A. (Pour tous.)

SÉRIE 3 — GRAND IN-8 (V. page 13)

Saint Jean-Baptiste de la Salle.
Saint Vincent de Paul.

SÉRIE 2 — IN-8 (V. page 14)

Au Mont Saint-Michel, par G. DUPONT (pour garçons).
Brave Job.
Fiat voluntas tua.
Jeux et récréations.
Mémoires d'un Parapluie, par Julie BORIUS.
Père La Besace. (Bon, mais nul.)
Port d'attache, par Julie BORIUS.
Récréations grammaticales.
La religion défendue par les ennemis. (Excellent pour tous, à donner dans les collèges, 15 ans et au-dessus.)

SÉRIE 1 — PETIT IN-8 (V. page 15)

Au pays breton. (Collèges, 8 à 13 ans.)
Henri Turbelin. (Bon pour garçons.)
Les Aventures de Toïni, par Émilie MATHIEU.
Dans les rivières de Monda, par le R. P. TRILLES.
Les Enfants de tous les pays
La neuvaine du Petit Polonais.
Le parc du Mystère (Spes.).
Simples histoires pour jeunes filles (1re série).

Simples histoires pour jeunes filles (2e série).
Le Journal de Marthe, par Fidès. (Pour jeunes filles de 8 à 15 ans.)

SÉRIE 2 — PETIT IN-8 (V. page 16)

Fables illustrées (2e série). (Bon pour tous.)
Histoire d'un petit gentilhomme.
Le Carnet de Jeanne. (Bon.)
Fables illustrées , 1re série. (Enfants. Très bon.)
Le petit Musicien, par G. Mathieu. (Enfants de 10 à 12 ans.)

SÉRIE 3 — PETIT IN-8 (V. page 16e)

Récits illustrés pour la jeunesse (1re série).
Récits illustrés pour la jeunesse (2e série).

SÉRIE 1 — GRAND IN-12 (V. page 17)

Corbeille de Fleurs, par P. O. Bischoff. (Très bon.)
La Maurienne, ascension du Pilate. (Bon, enfants de 13 ans.)
La princesse Marie-Immaculée de Bourbon. (Excellent, à répandre.)

SÉRIE 2 — GRAND IN-12 (V. pages 17-18)

Le Bienheureux Jean d Avila, par le R. P. Couderc, S. J. (Pour tous, 8 à 13 ans.)
L'Organiste de Laumant.
Simple gerbe. (Parfait pour écoles ville et campagne.)
Une gerbe d'or, par le R. P. Bisschoff.
Une petite chinoise à Paris, par Mme de Gentelles.
Vie de saint Antoine de Padoue, par A. de Condé.
Vie du B. Antoine Baldinucci, par le R. P. de Laage.

SÉRIE 3 — GRAND IN-12 (V. page 18)

Un enfant modèle, par le P. Jean-Baptiste. (Pour petites filles.)
André Hofer, par Maurice Grandjean.
Histoires militaires, par G. de Weede.
Le Sacrifice d'Étienne, par C. Le Rocher.

Saint Jean-Baptiste de la Salle, par le chanoine BLAIN.
Saint-Vincent de Paul, par ABELLY.
Traits édifiants pour les enfants.
Un Oiseau sans ailes, par BORIUS.
La vie et les miracles de saint Waast.
Sainte Catherine de Sienne, par le R. P. MORTIER.

SÉRIE 4 — GRAND IN-12 (V. page 19)

La Boule d'Or. (Très bon, à donner de 13 à 17 ans.)
Ce pauvre Fritz.
Le Contrebandier du Paradis.
Petit Frère.
Le petit Ramoneur. (Parfait.)
Trois récits.
Un brave.
Variétés amusantes. (Excellent.)

IN-18 (V. page 21)

Toute la série, par P. ROUVIER (Excellente) 11 titres.

SÉRIE H — IN-18 (V. page 22)

Toute la série, par P. ROUVIER. (Excellente). 17 *titres.*

Maison Taffin-Lefort

(Voir page 3 du Catalogue)

Mgr Saint-Nicolas, par Ch. BUET. (Excellent livre pour la jeunesse, pour enfants de 8 à 13 ans.)
Mme Sainte-Catherine, par Ch. BUET. (Bon pour enfants de 8 à 13 ans.)

SÉRIE (illustrée) — IN-FOLIO (V. page 5)

A travers les grandes capitales, par M. VALLAT.
Fabiola, par le Cardinal WISEMAN.
Fille de l'Émir (La), par Mlle ROUSSEAU.

SÉRIE 2 (illustrée) — IN-4° (V. page 5)

Théodore Wibaux.

SÉRIE 1re — GRAND IN-8 (V. page 6)

Catelet Vaubreuil, par Charlotte NAYVAL. (Bon, 13 à 16 ans.)

Dernières études historiques, par Léon GAUTIER.

Deux clochers, par J. CHANTREL. (Excellent à répandre pour écoles de ville.)

Femmes d'intelligence et de foi, par l'abbé BARAUD. (Excellent pour pensionnat de jeunes filles de 13 à 17 ans.)

La Rome de Pie IX, par le Marquis DE SÉGUR.

SÉRIE 1 — GRAND IN-8 CARRÉ (V. page 6)

Batelier de Notre-Dame de Rochefort (Le), par L. CHAPOT. (Bon, 8 à 13 ans.)

Écrin d'une grand'mère (L.), par B. BONNAUD. (Bon, écoles de villes.)

Héritage du cousin Corintin (L'), par J. DE COULOMB. (Bon, jeunes gens et jeunes filles, 16 ans.)

Miss Florence, par B. DE PLOUER. (Bon pour pensionnats et jeunes filles, 16 ou 17 ans. Pas pour écoles primaires.)

Souvenirs et causeries du soir, par le Marquis DE SÉGUR.

Villa des Sphinx (La), par J. DE COULOMB. (Très joli, intéressant.)

SÉRIE 3 — GRAND IN-8 (Voir page 7)

Colporteur de la Lorraine (Le), par V. HENRION. (Bon. Écoles de ville.)

Journal de Clotilde (Le), par Mlle WAUHMANN. (Bon pour pensionnats. Jeunes filles 13 à 17 ans.)

Récits d'un promeneur (Les), par V. HENRION. (Très bon. Enfants de 8 à 13 ans.)

SÉRIE 5 (illustrée) — GRAND IN-8 (V. page 7)

Débrouillarde, par L. MUSSAT.

Mardis de Marguerite (Les), par M. EMERY. (Pour jeunes filles.)

Mémoires d'un dolman de chasseur à cheval, par A. de Beaumont. (Pour jeunes gens, 15 ans.)

Plou-Avel, par M. Lachèse.

SÉRIE 6 (illustrée) — GRAND IN-8 CARRÉ (V. page 8)

De l'Oubanghi à Fachoda, par J. Poirier. (Bon, intéressant pour enfants au-dessus de 15 ans.)

De Sonis (Le Général), par P. de Hazel.

De toutes couleurs, par A. d'Arvois. (Petites histoires morales et amusantes. Écoles de ville.)

SÉRIE 2 — IN-8 (V. page 8)

Alexis Villié, par P.-H. d'Arras.

SÉRIE 3 — IN-8 (V. page 9)

Ami des Enfants (L') ou *Le Berquin de la Jeunesse*. (Pour jeunes enfants.)

Dévouement d'une jeune fille, par Mme Baujard.

Qui aime le péril y périr...

SÉRIE 4 — IN-8 (V. page 9)

Irène de Pontval, par M. du Hausselain. (Pour tous, 8 à 10 ans.)

Journal de Louise d'Erceuil, par M. du Housselain. (Pour jeunes filles de 13 à 17 ans.)

Petite dame aux Cabas (La), par M. de Bosguerard.

SÉRIE 5 — FORMAT IN-8 (V. page 10)

Jeanne d'Arc (Vie de), par l'abbé Salembier.

Mémoires d'un Enfant de Paris, par M. F***.

FORMAT GRAND IN-32 (V. page 16

Aventures dans les Landes.

FORMAT IN-32 (V. page 16)

Bêche de Jacquot (La).
Cassette (La).
Petit Jean le Montagnard.
Touche-à-Tout.

Maison Casterman

SÉRIE IN-FOLIO — BIBLIOTHÈQUE HISTORIQUE ET SCIENTIFIQUE

Conquête de l'Air (La), par L. DE THOREL. (Garçons).
Pionniers de l'Antartique (Les), par Y. DE LA TROUPLINIÈRE. (Excellente étude, bon livre pour garçons de 10 à 14 ans.)
Jeanne d'Arc, par J.-M. ROUSSEAU. (Excellent).

SÉRIE IN-4 — VOYAGES ET RÉCITS

Champion de l'Église (Le), par P. BRESCIANI, S. J.
Chez les Bessiléos (Madagascar), par le P. DUBOIS, S. J.
Épopée des Zouaves Pontificaux (L'), par P. BRESCIANI.
Maison de Glace (La), par P. BRESCIANI. (Pour garçons.)
Mille lieues dans l'Amérique du Sud, par le Captaine DEHON.
Prodiges de la miséricorde divine (Les), par A. BRESCIANI.

SÉRIE PETIT IN-4

BIBLIOTHÈQUE LITTÉRAIRE

Don Quichotte de la Manche, par CERVANTÈS.
Littérature étrangère et chrétienne au XIXe siècle (La), par un ancien professeur.
Tableau poétique des fêtes chrétiennes, par le vicomte WALSHT.

GRAND IN-8

COLLECTION IRIS

Aurélia, par LEHMANN. (Très bon pour grandes jeunes filles).
Ce que les jeunes filles devraient être, par GONON. (Bon.)

Croix de pierre (La) par GUÉNOT (Très bon pour collèges de jeunes gens.)
Héroïsme dans la Foi (L'), par G. MIRIAM. (Excellent, à répandre.)
Pardon suprême (Le), par L. LELEU. (Bon, pour garçons.)
Pâris le Gladiateur, par A. DE KLISTHE DE LA GRANGE.
Secret du martyr (Le). par L. LELEU. (Pour tous.)
Voyages au pays des Glaces, par Jacques D'ESTELLE. (Bon pour garçons.)

GRAND IN-8

LES FASTES DE L'ÉGLISE

Toute la série des *Fastes de l'Église*, par Louis LE LEU, 37 volumes.
(Série spécialement recommandée.)

GRAND IN-8 CARRÉ

COLLECTION STELLA

Ettaj le Chevrier, par D'AVELINE. (Pour garçons de 13 à 15 ans).
Deux histoires de la Chambre rouge, par D'AVELINE. (Pour garçons aimant les histoires tragiques; morale bonne, ensemble religieux.)
Robinson Crusoé, par Daniel FOE. (Moral, instructif, 8 à 16 ans.)
Trésor de l'île de Flibustier (Le), par D'AVELINE. (Pour garçons, 8 à 13 ans.)
Secret du Docteur (Le), par CARPENTIER. (Très bon, écoles de ville, garçons de 12 à 13 ans.)

GRAND IN-8

BIBLIOTHÈQUE DU XIXe SIÈCLE

Larmes du repentir (Les), par REGINALD.

Maison Ardant

Vie de N.-S. Jésus-Christ, par Mlle Zoé DE LA POMMERAYE.
(Catalogue page 5)

VOLUMES PETIT IN-FOLIO (Voir page 6)

Honneur des Aubert (L'), par J. FRANCE et A. MAGNIER. (Pour tous.)
Mémoires de Mme de la Rochejaquelein. (Excellent pour tous.)

SÉRIE 1 — VOLUMES IN-4 (V. page 7)

Aumale (le général duc d'), par F. BOURNAND. (Pour garçons.)
Contes historiques pour jeunes filles, par Eugénie FOA.

SÉRIE 2 — VOLUMES IN-4 (V. page 8)

Deux Sœurs, par M. ZALESKA. (Bon pour pensionnats, peut être donné à des jeunes filles de 15 à 17 ans.)

VOLUMES GRAND IN-8 CARRÉ (V. page 10)

Famille française en Norvège (Une), par L. DE BONNEFONT. (Livre moral, instructif, bon pour jeunes gens et jeunes filles.)
Marfa, par Marie DE BOSGUÉRARD. (Bon pour pensionnats de jeunes filles de 13 à 17 ans.)
Pêcheurs de l'île de Marken (Les), par A. DUBOIS. (Instructif, intéressant pour enfants de 13 à 16 ans.)
Sœur aînée, par Mme G. DELAUNEY. (Bon livre, bons conseils pour jeunes filles, pour pensionnats, enfants de 15 à 17 ans.)

SÉRIE 1 — VOLUMES GRAND IN-8 (V. page 11)

Chevauchées du Général Margueritte (Les), par le commandant GRAUDIN. (Pour garçons.)

SÉRIE 4 — VOLUMES GRAND IN-8 (V. page 15-16)

Maison du roc (La), par Mlle BOUROTTE. (Cet ouvrage contient d'excellentes leçons et peut développer le goût des choses de la campagne. Esprit religieux. Bon pour ville et campagne, 10 à 12 ans.)

SÉRIE 1 — VOLUMES IN-8 (V. p. 18)

Maison forestière (La), par Mélanie BOUROTTE.
Mes Prisons, par Silvio PELLICO. (Très bon. Collèges de garçons, 12 à 13 ans.)

Petit Robinson de Paris (Le), par G. FOA. (Bon, moral, intéressant pour tous, spécialement pour garçons de 8 à 10 ans.)
Vertu et travail, par G. DE SAINTES.
Auberge de la Croix-Verte (L'), par Mme DORVAL.
Léonie Dubois, par Mme JULIANE.

SÉRIE 2 — VOLUMES PETIT IN-8 (V. page 20)

Récits de la Steppe (Les). par Mme R. MONTLOUIS.
Histoire d'une Orpheline, par Mme C. LEGRIS. (Très bon, religieux, pour écoles de ville, petites filles, 12 à 13 ans.)
Lucienne ou la *Fille du Forçat*, par Mme JULIANE. (Tès bon pour petites filles.)
Orpheline de Dol, par Mme C. DES PRÉS DE LA VILLE.
Récits et souvenirs, par Mme BOURDON.

SÉRIE 3 — VOLUMES PETIT IN-8 (V. page 32)

Récits des temps passés, par ARMALA. (Récits historiques. Bon pour collèges, enfants de 14 à 16 ans.)
Ferme des Genêts (La), par André TALMONT. (Histoire morale, livre bon pour écoles de ville et de campagne, de 6 à 12 ans.)

SÉRIE 4 — VOLUMES PETIT IN-8 (V. page 23)

Récits historiques, par Mme BOURDON. (Bon pour garçons.)
Jeune Robinson des neiges (Le), par Mme BERTHET.

VOLUMES GRAND IN-16

RÉCRÉATIONS ENFANTIN (Voir page 25)

Contes pour petites filles, par SCHMIDT.

SÉRIE 1 — VOLUMES IN-12 (V. page 26)

Petite Comtesse, par Mme L. PAULIN. (Gentille historiette où la vertu triomphe du vice, pour écoles des villes.)
Marthe, par Mme JULIANE. (Très bon livre, d'une morale excellente, religieux, bon pour enfants de 8 à 13 ans et pour pensionnats.)

Maison du Bon Livre

30, Boulevard Carnot, Lille

(Pour enfants de 13 a 17 ans)

	Prix Net	
Le Comte de Chambord	5	20
La Fraternité dans le malheur. (Très bon.)	3	40
Le Duc d'Enghien. (Excellent.)	2	»
La vie d'un Artiste. (Collèges jeunes gens)	2	»
Dramatiques aventures. (Intéressant, garçons)	1	35
Impressions et confidences. (Pensionnats de jeunes filles)	1	05
Un tueur de lions. (Intéressant pour jeunes gens)	1	05
La sœur de Louis-Philippe. (Bon esprit, très bien.)	»	85
Le Colosse de la forêt. (Collèges, très instructif)	»	60
Marguerite Bosco. (Pour tous.)	»	45
Douce et vaillante. (Très bon, pensionnats)	»	45
Comme on a semé, on récolte. (Pour jeunes filles)	»	32
La fille de Louis XVI. (Excellent.)	»	85
Le dernier des Valdemar. (Pour collèges.)	1	05
L'Exil d'un Roi de France	3	40

Pour enfants de 12 a 15 ans

Les jeunes voyageurs. (Bon, très intéressant.)	»	60
Les malheurs de Marie Stuart. (Pensionnats.)	»	45
Un modèle de prévoyance. (Ville et campagne.)	»	45
A la réunion des bons enfants. (Pour tous.)	»	45
Si j'avais su. (Très bon, pour tous.)	»	40
Le petit sachet de satin vert. (Écoles de filles.)	»	40
Lettres d'un père à sa fille. (Pour tous.)	»	32
Cœur de fille et cœur de mère. (Bon pour tous)	»	50

Pour enfants de 10 a 12 ans

Je l'ai voulu. (Écoles de filles, campagne.)	»	40
Les difficultés vaincues. (Très bon, garçons.)	»	40
Frère et sœur. (Édifiant, pour tous.)	»	32
L'Oncle Philibert. (Bon pour tous.)	«	25
Un voyage sur un glaçon. (Bon pour tous.)	»	25
Le spectre de la fièvre jaune. (Écoles de filles)	»	18

La séance merveilleuse. (Bon.)........................ » 16
Le Héros de l'amour filial. (Très bon.)........... » 20
Jeannette n'est plus Jeannette. (Pour tous.)............ » 20
Les grands dévouements. (Très bon.).................. » 18

POUR ENFANTS EN DESSOUS DE 10 ANS ET TOUT PETITS

Les cinq aventuriers français. (Pour garçons).......... » 25
Petit Poisson deviendra grand. (Bon.)................. » 20
Comment on devient bonne. (Pour tout petits).......... » 20
L'enfance de Jeanne d'Arc. (Très bon.)................ » 20
Ce qui vaut plus que l'Or. (Bon.)...................... » 15
L'Enfance de Pie X. (Pour petits enfants.)............. » 10
Le Trésor du Petit Ramoneur. (Bon.)................... » 08
La Tirelire aux belles histoires. (Pour petits enfants.).... » 32
C'est Bébé ! C'est Jaco ! (Pour petits enfants.) .... » 18

Maison Roger

Œuvres de Xavier de Maistre, Enseignement secondaire.

Œuvres historiques de Bossuet, Enseignement secondaire.

Considérations sur la France, par J. DE MAISTRE, Enseignement secondaire.

Itinéraire de Paris, à Jérusalem, par CHATEAUBRIAND, Enseignement secondaire.

Exploits historiques de nos soldats au Maroc, par CORDONNIER. (Livre patriotique et chrétien, pour jeunes gens.)

Le général Dur-à-Cuir, par L. DES AGES. (Joli, spirituel, amusant, 12 à 16 ans.)

La Villa aux cerises, par L. DES AGES. (Patriotique et religieux, 12 ans et au-dessus, ville et campagne.)

Au bord du lac, par Michel AURAY, (Écoles de filles, 12 à 15 ans.)

Muguette, par J. BORDET DE VAUX. (Moral, religieux, écoles de filles (12 ans), ville ou campagne.)

Les petits bossus d'Aix-la-Chapelle, par A. DE GÉRIOLLES. (Bon, moral, pour tous.)

Hommes et choses d'Église, par M. le chanoine Crosnier. (Beauchesne, éditeur, 117, rue de Rennes, Paris), broché, prix fort : 4 fr. — Pour distribution des prix, en nombre : 2 fr. 25, broché; 5 francs relié.

L'abbé Léon Bellanger, par M. le chanoine Crosnier. (Siraudeau, éditeur, Angers). Pour distributions de prix, en nombre; broché : 1 fr. 80; relié : 3 francs.

Le Comité recommande spécialement à l'attention des instituteurs et institutrices libres, *Les Saints Évangiles réunis en un seul*, par le Capitaine Magniez.

Ce petit volume relié tr. rouges mesurant 18 × 11 1/2 revient à 0 fr. 50 l'exemplaire; mais, pris en quantité, il est envoyé franco gare par colis de 10 kilogrammes, au prix de 0 fr. 35 l'exemplaire.

17, rue Gambetta, Saint-Omer.

Maison Stoffel, Lille

Récits de missions. (Pour garçons.)

Les Contemporains. Série des inventeurs et des savants. (Pour garçons.)

Jean Chouan, par Michel d'A. (Excellent pour garçons.)

Société Angevine d'Édition

2, Rue Saint-Aubin, Angers

Histoire critique des événements de Lourdes, par M. le chanoine Bertrin. Relié : 1 fr. 80.

Il serait à souhaiter que la liste ci-dessus fût répandue dans toutes les librairies catholiques.

Angers, Imp. G. Grassin. — 1366-13.

www.ingramcontent.com/pod-product-compliance
Ingram Content Group UK Ltd.
Pitfield, Milton Keynes, MK11 3LW, UK
UKHW012309240726
13966UKWH00005B/1757